Max Walther

Aus dem Zweiten Weltkrieg

Industrieverlagerungen in die
Niederlausitz
Cottbus in den letzten Kriegsmonaten

1960

Max Walther

# *Aus dem Zweiten Weltkrieg*

Industrieverlagerungen in die Niederlausitz
Cottbus in den letzten Kriegsmonaten

herausgegeben von Karl Klaus Walther

**Bibliografische Information der Deutschen Nationalbibliothek**
Die Deutsche Nationalbibliothek verzeichnet diese Publikation
in der Deutschen Nationalbibliografie; detaillierte bibliografische
Daten sind im Internet über http://dnb.dnb.de abrufbar.

Die automatisierte Analyse des Werkes, um daraus Informationen
insbesondere über Muster, Trends und Korrelationen gemäß § 44b
UrhG („Text und Data Mining") zu gewinnen, ist untersagt.

Mit freundlicher Unterstützung der
Städtischen Sammlungen Cottbus/Chóśebuz

Satz, Umschlaggestaltung und Verlag: BoD · Books on Demand
GmbH, Überseering 33, 22297 Hamburg, bod@bod.de
Druck: Libri Plureos GmbH, Friedensallee 273, 22763 Hamburg

ISBN: 978-3-7693-9366-8

# Inhaltsverzeichnis

# Industrieverlagerungen in die Niederlausitz während des Zweiten Weltkrieges

Die hier wiedergegebenen Ermittlungen stützen sich auf die beim Gewerbeamt Cottbus eingegangenen Anträge auf Zulagekarten für Lang-, Nacht-, Schwer- und Schwerstarbeit, auf Anträge für Waschmittel bei derselben Stelle und Unterlagen des Kriegssachschädenamtes für Cottbus.

Im Oktober 1941 kündete Hitler eine neue Offensive in der Sowjetunion mit den Worten an: „Sie wird mithelfen, den Gegner zu zerschmettern." Und unter jubelndem Beifall erklärte er: „– dass dieser Gegner bereits gebrochen ist und sich nie mehr erheben wird!" Das war, als er seine Hand nach Moskau ausstreckte und dabei den ersten gewaltigen Fehlschlag in seinem Krieg einstecken musste. Die dabei entstandenen Verluste wurden weitgehend verschwiegen. Im Jahre 1942 stand das deutsche Volk im Banne des Vorstoßes auf Stalingrad und zum Kaukasus. Als Churchill im Oktober 1942 erklärte, bei den Nachtangriffen auf Deutschland kämen tausend Flugzeuge zum Einsatz, wurde diese Mitteilung in der nationalsozialistischen Presse ironisiert und bagatellisiert. Aber der Reichswirtschaftsminister hatte bereits am 29. September 1942 eine Anordnung zum Schutz kriegswichtiger Handelsgüter, Fertigwaren und Rohstoffe erlassen. Diese sollten verlagert, Geschäftsdachböden von Waren geräumt und Büromaschinen über Nacht in den Kellern untergebracht werden. Wie sehr sich die Luftlage verändert hatte, zeigt ein Rundschreiben des Oberpräsidenten der Provinz Brandenburg vom 24. Oktober 1942 an alle Wirtschaftsämter. In ihm wurden Auslagerungsmaßnahmen angeordnet für Wittenberge, Rathenow, Brandenburg/Havel, Potsdam, Prenzlau, Angermünde und Eberswalde. Spinnstoffe, Schuhwaren, Haushaltswaren, Seifen, Waschmittel, Drogen, Arzneien und Chemikalien, wenig später auch Tabakwaren, sollten in Lagern außerhalb der bedrohten Städte oder in Stadtrandgebieten untergebracht werden.

Anfang November 1942 erfolgte die Landung der westlichen Alliierten in Nordafrika. Die Einkesselung der 6. Armee vor Stalingrad begann und endete im Februar 1943 mit der Kapitulation ihrer Reste. Diese beiden Tatsachen – besonders die Niederlage vor Stalingrad – verbreiteten ein tiefes Unbehagen, da schärfere Maßnahmen zugunsten der

Rüstungsindustrie angekündigt und durchgeführt wurden – im Zeichen des „totalen Krieges".

Im Februar 1943 wurden besondere Bevorratungsvorschriften für den Glasgroßhandel erlassen. Im April wurde der Reichswirtschaftsminister dringender. Im Mai ergingen Richtlinien für die Einsetzung von Fachbeauftragten für Fliegerschadenschutz. Diese sollten im Verein mit den Wirtschaftsämtern und der Luftschutzpolizei begutachten, ob die vorgenommenen Auslagerungen durch Einzelhandelsgeschäfte oder Grossisten zweckmäßig erfolgten. Die verlangten Verlagerungen mussten zunächst in den Gebieten westlich einer Linie Stettin – Berlin – München – Freiburg erfolgen. Betroffen waren alle Einzelhandelsbetriebe mit einem Warenlager von 50.000 RM Verkaufswert. Alle Fabriken östlich der genannten Linie durften in die gefährdeten Gebiete nur gegen Versandgenehmigung expedieren. Um die Dringlichkeit der Verlagerung zu unterstreichen, wurde abschriftlich ein Brief des Reichsluftfahrtministeriums vom 3. Mai 1943 bekanntgegeben, der wie folgt beginnt:

*„Bei den Luftangriffen der letzten Zeit sind wiederum kriegswichtige Lager in wehrmachtseigenen und zivilen Betrieben in beträchtlichem Ausmaß*

*vernichtet worden. ... Die Schwierigkeiten [der Aus-*
*lagerung] werden nicht verkannt, sie müssen jedoch*
*überwunden werden, da andernfalls nicht nur der*
*Erfolg zahlloser Arbeitsstunden zunichte gemacht*
*wird, sondern die Fortführung der Produktion und*
*der Nachschub der Wehrmacht, wie die Versor-*
*gung der Zivilbevölkerung schwerstens beeinträchtigt*
*werden."*

Am 7. Juni wurde der Oberpräsident noch dringender. Die Auslagerungsmaßnahmen erstreck-
ten sich nunmehr über die ganze Provinz. Bei
ernsthaften Verstößen dagegen soll dem Reichs-
marschall Mitteilung gemacht werden. Das war
zu einer Zeit, als man sich etwas von Görings
Kaltstellung zuraunte, weil die Luftabwehr sich
als vollkommen ungenügend erwiesen hatte. Die
Verlagerung – so wurde angeordnet – müsse mit
größter Energie betrieben werden und bis zum
15. Juli 1943 beendet sein. Zu den bereits der Verlagerung unterliegenden Warengattungen kamen
neu hinzu Holz und Holzwaren, Elektrokleinteile,
Pelzwaren und Kautschuk. Die Auflockerung in-
nerhalb der Betriebe wurde auf Schweißaggregate,
Kraftfahrzeuge und Elektrokarren ausgedehnt, deren Unterbringung an zentraler Stelle bei Luftan-

griffen mehrfach zu erheblichen Verlusten geführt hatte.

Der Oberpräsident ließ am 8. Juni 1943 Erfahrungen aus den Luftangriffen auf Düsseldorf und Essen zirkulieren. Der Erfahrungsbericht datiert vom 22. April – man hatte sich also reichlich Zeit genommen, um die gewonnenen Erfahrungen zu verbreiten. Nach diesem Bericht wurden in einer nicht genannten Stadt die Fernsprechzentrale und der Wagenpark zerstört. Die Zusammenballung großer Geschäfte in der Innenstadt müsse vermieden werden (!). Reservelager in Kellern bieten keinen Schutz. Schuster dürfen Reparaturen nur für eine Woche annehmen; die Kundschaft muss die Ware dann sofort abholen. Die Bevölkerung soll die wichtigsten Ausweispapiere bei sich tragen.

Vom 18. bis 25. Juli 1943 erfolgten am hellen Tage schwere Luftangriffe auf Hamburg. Eine entsetzte Bevölkerung wurde – soweit sie die Stadt verlassen durfte – bis in die Niederlausitz evakuiert. Um diese Zeit forderte die britische Regierung in zahlreich abgeworfenen Flugblättern die Bevölkerung der Groß- und Industriestädte auf, diese gefährdeten Städte zu verlassen, da mit Bombardierungen zu rechnen sei. Auf den Spreewiesen zwischen Burg und Peitz wurden solche Flugblätter in großer

Menge gefunden. Der Ratschlag war natürlich für den größten Teil der Bevölkerung völlig wertlos.

Der Regierungspräsident zu Frankfurt/O. verbreitete am 5. Juli 1943 die Abschrift einer Abschrift eines Göringschen Briefes, in dem von den vollzogenen Verlagerungen Kenntnis genommen wurde. Gleichzeitig erfolgte aber der Hinweis auf die noch immer hohen Materialverluste. – Der Verlagerung unterlagen im August auch Lebensmittel. Frauen wurden in verstärkter Anzahl zur Rüstungsindustrie herangezogen.

Der Oberbürgermeister von Cottbus ließ am 10. November einen Auszug aus einem Erfahrungsbericht des Oberbefehlshabers der Luftwaffe abschreiben, in dem auf die großen Verluste in wehrmachtseigenen und zivilen Betrieben durch ungenügende oder noch nicht erfolgte Auslagerung hinwiesen wurde. Auch hier ist das Datum des Erfahrungsberichtes auffallend: Er stammte nämlich vom 10. Juli! Verluste konnten demnach auch nicht mehr durch Verlagerungen vermieden werden! Nach der Bombardierung Hamburgs sah sich die Regierung gezwungen, eine teilweise Räumung Berlins von abkömmlichen Frauen mit Kindern durchzuführen. Die heftigen Bombardierungen Berlins ab 18. November 1943 richteten dort gewaltige Schäden an; zahlreiche Ausgebombte wurden auch in Cottbus untergebracht.

Industrie und Handel erhoben gegen die Auslagerungen sanfte Proteste, wie man aus einem Schreiben des Oberpräsidenten vom 3. April 1944 schließen kann. Er rechtfertigt die von den Luftgaukommandos verlangten Maßnahmen. Die Anordnungen werden als reiflich überlegt bezeichnet, sie müssen ungeachtet der bestehenden Transportschwierigkeiten, trotz Arbeiter-, Raum- und Baustoffmangel durchgeführt werden.

Das Jahr 1944 brachte für Cottbus den ersten Tagesalarm (30. Januar). Am 8. März flog bei Sonnenschein ein Geschwader über Cottbus völlig unangefochten. Dieses Ereignis erfüllte die Gemüter mit banger Ahnung eines kommenden Unheils.

Der Regierungspräsident Frankfurt/O. verbreitete am 16. März 1944 die Abschrift einer Abschrift der Ratschläge des Propagandaministeriums vom 20. Januar. Darin heißt es u. a.:

*„Die angeordnete Verlagerung hat nur einen vorübergehenden Erfolg gehabt, da die meisten Speicher und Magazine wieder übervoll belegt worden sind. Es muss weiter dezentralisiert werden. Harmlose Geisteskranke [!] sind aus den Anstalten in Kran-*

*kenhäuser der Großstädte zu überführen und die Irrenanstalten für Geburten- und Kinderkliniken freizumachen; es ist darauf Bedacht zu nehmen, dass Gefährdung des Pflegepersonals und psychologische Nachteile für die Bevölkerung vermieden werden.* "

Die vorsorglichen Umquartierungsanträge selbst mittlerer und kleiner Städte häufen sich in den letzten Wochen, „weil inzwischen das g a n z e R e i c h s - g e b i e t als luftgefährdet betrachtet werden muss; da aber allein schon die Unterbringung der obdachlos gewordenen Bevölkerung g r o ß e S c h w i e r i g - k e i t e n bereitet –". Weiter heißt es:

*„Die Erfahrung hat nämlich gezeigt, dass dort, wo bei Großangriffen Flächenbrände aufgetreten sind, etwa 85 % der Opfer auf Flächenbrände und nur 15 % auf Sprengbomben zurückzuführen sind. Es bestehen schon heute die größten Schwierigkeiten, hochschwangere Frauen und Schulkinder in geschlossenen Heimen unterzubringen.* "

Damit wurde zugegeben, dass die ganze Feuerschutzmittel-Aktion des Jahres 1943 (Bodenentrümpelung, Entfernung der Lattenverschläge, Imprägnierung der Dachbalken u. a.) ihren Zweck verfehlt hatte. Beschlossen wurde diese Aktion am 19. Mai 1943 auf einer Konferenz von Vertretern des OKH, des Luftfahrtministeriums, der Reichspost, des Reichsführers SS, des Reichministeriums Speer, der Reichbahndirektion, der Reichsgruppe Industrie u. a. in der Technischen SS- und Polizei-Akademie in Berlin-Zehlendorf.

Es ließ sich bei den Bombardierungen zu Anfang des Jahres 1944 erkennen, dass es die Alliierten hauptsächlich auf die Zerstörung der Flugzeugwerke mit „Jäger"-Produktion", der Benzinfabriken und der Eisenbahnknotenpunkte als ein entscheidendes Mittel zur Lähmung der deutschen Widerstandskraft abgesehen hatten.

Am 11. April 1944 überflog bei Sonnenschein ein großer Verband Bomber die Stadt mit dem Ziel Sorau, wo das Stadtzentrum mit seinen Fertigungswerkstätten für Focke-Wulf zerstört wurde. Auf dem Rückflug griff ein kleinerer Verband die Focke-Wulf-Werft auf dem Cottbuser Flugplatz an. Die abgeworfenen Bomben vernichteten allerdings in der Hauptsache nur ein Apparatelager der Reichspost an dessen Ostrand an der Spreewaldbahn. Der entstandene Schaden wurde mit 1 Million RM angegeben.

Der Oberpräsident wies am 18. Mai 1944 abermals auf die Verlagerung und die knappste Bemessung der Verkaufslager in den Städten hin.

*„Im Bereich eines Landeswirtschaftsamtes sind durch Luftangriff in einem Lager für 320.000 RM Haushaltungsgeschirr zerstört worden – – welche ungeheuren Anstrengungen es in der Produktion erfordert, für 320.000 RM Haushaltungsgeschirr zusätzlich herzustellen usw."*

Am 28. Mai wurde die Brabag in Schwarzheide (ein Braunkohlen-Schwelwerk) durch Bombenabwürfe stillgelegt (am gleichen Tag wurde auch Leuna angegriffen). Am 29. Mai wurde der Angriff auf Focke-Wulf in Cottbus mit besserem Erfolg wiederholt; der Schaden wurde auf 3 Millionen RM beziffert. Die Stadt selbst blieb bei beiden Angriffen unbehelligt.

Die letzte Verlautbarung über Verlagerungen, die sich in städtischen Akten findet, stammt vom 15. Juni 1944. Sie wiederholt nur Bekanntes. Die Wehrmacht wird darin hinsichtlich der Verlagerung zu beispielhafter Eile und Genauigkeit aufgefordert.

Inzwischen zeigten sich immer häufiger Bomberverbände über der Niederlausitz. Am 21. Juni erschienen zahlreiche Geschwader über Cottbus und der Niederlausitz. Ein zu Tausenden abgeworfenes Flugblatt anlässlich eines Überführungsfluges einer amerikanischen Luftflotte nach der Sowjetunion (bei dieser Gelegenheit wurde die Brabag erneut angegriffen) schloss mit den Worten:

*„Schaut nach Westen! Schaut nach Osten! Schaut über Euch!",*

und hatte damit die Situation des Sommers 1944 treffend charakterisiert.

Nachdem gezeigt wurde, wie sich der Bombenkrieg, den ein grausamer und unbarmherziger Feind entfacht, schließlich gegen ihn selbst gewandt hatte, folgen Angaben über die Auswirkung der Verlagerung auf die Niederlausitz mit Ausnahme des Kreises Guben. Keine oder nur wenige Mitteilungen können über die zahlreichen aus Berlin verlagerten Dienststellen und Industrieverwaltungen gemacht werden, da für deren Angestellte keine Zusatzkarten beantragt werden konnten. Als eine sehr frühe Verlagerung aus einem als gefährdet angesehenen Gebiet muss die Errichtung der „Mechanischen

Werke" in Cottbus im Jahre 1937 angesehen werden. Es handelte sich dabei um ein Zweigwerk der „Phänomen-Werke" in Zittau. In Cottbus wurde ein Ein-Tonnen-Kettenfahrzeug hergestellt, das den Unterbau für leichte Kampfwagen abgab. Im März 1943 wurden rund 600 Arbeiter beschäftigt, dazu kamen wenige Monate später über 200 Ostarbeiter. Gegen Ende des Krieges war die Beschäftigtenzahl auf etwa 1000 angewachsen. Zu den sowjetischen Zwangsarbeitern kamen noch Zivilfranzosen und internierte Italiener. Der Jahreswert der Produktion hat 5 bis 6 Millionen RM, die Ersatzteilproduktion etwa 1 Million RM betragen. Der Gewinn an größeren Ersatzteilen kann nur als unverschämt bezeichnet werden.

Die früheste Erwähnung einer echten Industrieverlagerung datiert vom November 1941. Unter der unverfänglichen Bezeichnung „Fabrik Christianstadt der Gesellschaft zur Verwertung chemischer Erzeugnisse" wurde bei Christianstadt eine großräumige Anlage der „Dynamit AG", Hamburg und Köln errichtet.

Diese Dynamitfabrik ist eine typische Industrieverlagerung aus einem stark luftgefährdeten Gebiet, denn die Werkleitung bezeichnete wiederholt die ganze Anlage als ein Provisorium. Dementsprechend gab es bis zum Schluss keine Werksküche, keine Transport- und Hebeanlagen und keine geeignete Absaugvorrichtung für schädliche Säuren, Dämpfe und Gase. – Die Bauleitung des Werkes beschäftigte rund 1200 Menschen, im Oktober 1944 sogar rund 1900, darunter 629 jüdische Frauen. Noch im Februar 1945 wurden von der Bauleitung 1100 Personen beschäftigt. Über die Zahl der Beschäftigten im Produktionsprozess wurden folgende Angaben gemacht:

Oktober 1943 320 italienische Kriegsgefangene, 2516 Männer, 977 Frauen und 488 Angestellte = 4300 Personen; im Dezember 1944 3500 Arbeiter mit besonders langer Arbeitszeit. Bereits im Januar 1944 wurde von erhöhter Produktion und 11- bis 12-stündiger Arbeitszeit berichtet. Die Produktion lief wahrscheinlich im Spätsommer 1942 an. Über die Arbeit in der Trockenanstalt heißt es im Oktober 1942: Es werden 80 Frauen und vier Männer beschäftigt, noch ist die Arbeit an und für sich nur Männerarbeit. Im gleichen Monat wurden dort auch ukrainische Frauen eingesetzt. Durch hohe Temperaturen, entweichende Gase und Sprengstoffstaub kamen wiederholt Krampfanfälle vor, weshalb die Gewährung von Vollmilch beantragt wurde, um Gesundheitsschädigungen zu vermeiden (oder wenigstens abzuschwächen!). – Von der Abteilung Füllstelle heißt es im November 1942, dass dort Gasgefahr herrsche. Bei der Herstellung des Vorproduktes Hexamin war die Temperatur am Druckkocher sehr hoch (40 bis 50 Grad), da außerdem Ammoniakdämpfe entwichen, war die Arbeit außerordentlich schädlich. Im Juni 1944 wurde von der Füllstelle gesagt, dass dort 250-Kilo-Bomben gegossen werden [für V2?]. Wenige Wochen später wurde für die dort beschäftigten jüdischen Arbeiterinnen ein Antrag auf Magermilch-Zuteilung gestellt; nicht aus Mitleid mit ihnen, sondern um ihre Arbeitskraft zu erhalten. – Im August 1943 war die zu liefernde Milchmenge für das Werk auf 9000 Liter täglich angewachsen; die Menge erschien dem Landrat des Kreises Sorau außerordentlich hoch. Der Gewerberat in Cottbus riet zu Kürzungen oder zur Ausgabe von Magermilch. Als der Gewerberat im August 1944 aber zu Milchkürzungen riet, verwahrte sich die Werksleitung dagegen, dass infolge weiterer Industrieverlagerungen in den Kreis Sorau die Dynamitarbeiter darunter leiden sollen. Es wurde dabei immer wieder auf die hohen Temperaturen, auf Säuredämpfe und die Einwirkungen von Nitro in hohen Konzentrationen als außerordentlich gesundheitsschädlich hingewiesen. Das Werk fand auch Anlass, sich über die immer schlechter werdende Säureschutzkleidung zu beschweren, die nicht mehr den Anforderungen des Betriebes entsprach. – Die letzte Mitteilung über die Fabrik Christianstadt kam am 12. März 1945 aus Geesthacht bei Hamburg, wo sich eine Abwicklungsstelle befand. Über das Schicksal der Arbeiter ist nichts bekannt. Die Fabrik in Christianstadt war nicht die einzige Notgründung; außer einer nicht näher bekannten Fabrik in der Provinz Posen befand sich ein weiteres Werk in der Nähe von Malchow (Mecklenburg).

Die chemische Großindustrie erfordert eine gewaltige Apparatur, die nur von Spezialfirmen mit erfahrenen Montagetrupps errichtet werden kann. Örtliche Bau- und Installationsformen leisteten dabei nur Hilfsdienste. Infolgedessen stoßen wir beim Bau der Dynamitfabrik auf die Namen bekannter Baufirmen aus Mittel- und Westdeutschland. Im November 1942 beschäftigte die BAMAG (Berlin und Dessau) in Christianstadt über 20 Arbeiter, das AEG-Büro (Köln) 70 (Juni 1943). Kleinere Arbeitergruppen stellte Brown, Boveri & Co., die Halleschen Röhrenwerke, Hochtief – Berlin, Jansen – Bonn, Malmede – Köln; Saar-Bauindustrie, Schönemann – Hamburg, Siemens Bau-Union, Vereinigter Rohrleitungsbau Düsseldorf, Witt –

Hannover. Noch im Mai 1944 beschäftigte man sich mit einer Werkserweiterung.

Der Ausbau der „Deutschen Sprengchemie" in Scheuno bei Forst ist möglicherweise bereits 1941 beendet gewesen, doch wird das Werk erst 1942 genannt. Auf eine Werkserweiterung im September 1943 lässt die Anwesenheit von Monteuren der Mannesmann-Rohrleitungsbau AG schließen.

Im März 1944 wurde die Zentrale des Werkes von Berlin nach Forst verlegt. Die Belegschaft betrug im Durchschnitt 1500 Personen.

Aus dem Jahre 1942 liegt eine Nachricht über die Verlagerung der Berliner Firma „Autoflug" vor (Mai). Sie beschäftigte in Spremberg über 170 Arbeiterinnen mit der Fallschirmherstellung (Februar 1943 320, März 1944 239). Für das Zweigwerk in Lübben wurden im Mai 1944 161 Arbeiterinnen genannt. Über die Stärke der Belegschaft in Cottbus ist nichts bekannt.

Im Jahre 1943 erfolgte dann eine stärkere Industrieverlagerung. Die Gründe hierfür wurden auf den vorhergehenden Seiten ausführlich angegeben. Verlagerungen in die Niederlausitz wurden 15 festgestellt; vom Februar bis Dezember 1944 waren es 43, wovon die größte Anzahl in die Monate von Februar bis Mai fiel. Selbst im Jahre 1945 sind noch drei Betriebsverlegungen im März und April festzustellen; davon ging eine unter der Bezeichnung „Notprogramm des Führers" (der ja nun tatsächlich in Not geraten war). Die antragende Firma stellte Geräte für die Flakübertragung her!

Über die Produktion der verlagerten Betriebsteile liegen nur wenige spezielle Angaben vor, wohl aus Gründen der Geheimhaltung. Die Flugzeugindustrie war – von einem kleinen Reparaturbetrieb von Junkers in Welzow und eines Betriebsteiles von Messerschmidt in Kirchhain abgesehen – nur durch Focke-Wulf (Sitz Bremen) vertreten. Über die Zahl der in Cottbus Beschäftigten liegt nur eine Schätzung von etwa 4000 vor. Das Werk Sorau stellte 1943 den ersten Antrag, es war demnach kurz zuvor voll betriebsfertig geworden. Beschäftigte April 1944 2400 Deutsche, 795 Ausländer, 400 Kriegsgefangene, 590 Ostarbeiter und 123 Polen – 4300 Personen. Für eine Sonderaktion „Jägerstab" wurde für die Zeit vom 27. März bis 30. April 1944 für den größten Teil der Belegschaft eine erhöhte Lebensmittelzuteilung beantragt; in diese Zeit fiel dann die Bombardierung der Werke in Cottbus, Sorau und Hohensalza. Im Oktober 1944 scheint Sorau nur etwa 2500 Beschäftigte gehabt zu haben. Die wöchentliche Arbeitszeit betrug 60 bis 69

Stunden. Das Ersatzteillager „Condor" [das war die Maschine, die anfangs in Cottbus montiert wurde] war mit 600 Personen besetzt. Die Aufnahme der Jäger-Produktion führte – wie vom Bremer Stammpersonal vorausgesagt – zu der schon erwähnten Bombardierung.

Der Fahrzeugbau war noch mit zwei Betrieben vertreten (Vetschau und Calau), Stammsitz dieser Betriebe war Berlin; es wurden Braunkohlengeneratoren für Lastwagen produziert.

Die anderen verlagerten Betriebe zählten zur Leichtindustrie, die ja am schnellsten zu verlegen war. Hierbei finden sich 8 Firmen, die als Produktionszweig „Apparatebau" angaben, worunter sich ja viel verbergen lässt. Zum Apparatebau gehören auch die Geräte für Flak-Übertragung (2 Betriebe), Fernmeldegeräte (4), elektrische Kleingeräte (4), Kraftstoffvergaser (1), technische Messgeräte (3), elektrische Gleichrichter (1). Das größte Unternehmen der Luftfahrtgeräte-Industrie war Wolfgang Schlegel in Golßen, das sich dort im Sommer 1943 etablierte, sich als in ständiger Vergrößerung befindlich bezeichnete und im April 1944 über 300, im Januar 1945 500 Arbeiter zählte.

Die Gruppe Bekleidung und Textilien ist mit 5 Ausweichlagern vertreten, d. h., in diesen Fällen wurde für Heizer eine Zusatz-Lebensmittelkarte beantragt, die Zahl lag sicherlich wesentlich höher. – An Gießereien, Armaturen und anderen metallverarbeitenden Betrieben wurden 9 ermittelt.

In der Hauptsache wurden Berliner Betriebe oder Teile von ihnen verlegt (46); je eine Verlagerung aus Bremen, Amsterdam, Köln, Kassel und Warschau. Deren Unterbringung hing natürlich von den vorhandenen Fabrikräumlichkeiten ab. Dort, wo stillgelegte Fabriken oder Werkstätten vorhanden waren, gab es keine besonderen Schwierigkeiten in der Unterbringung von 30 bis 40 Arbeitern und den erforderlichen Maschinen. Andernfalls schritt man zur Ausräumung ganzer Fabriken, wie es in Forst, Sorau, Cottbus, Crinitz und Kirchhain geschah. Verlagerungen erfolgten in 30 Städte und Gemeinden der Niederlausitz (ohne Guben und Kreis). Am stärksten belegt wurden die Städte Forst (9), Cottbus (8) und Kirchhain (8). Für Cottbus und Sorau muss berücksichtigt werden, dass Focke-Wulf die Anfertigung oder Bearbeitung von Werkstücken auch in Tuchfabriken oder Leinwebereien vornehmen ließ.

Zu diesen verlagerten Produktionsstätten oder Warenlagern kamen noch verschiedene militärische oder halbmilitärische Dienststellen, die teils aus Berlin, teils aus dem Osten einrückten. Von den festgestellten 22 Dienststellen entfielen auf das Jahr 1943 SS-Standortverwaltung Truppenübungsplatz Kurmark in Jamlitz bei Lieberose. Die Zahl der beschäftigten deutschen Arbeiter im Oktober 1943: 230. Im Juli 1944 sollten nach Angabe der SS im Bereich des Gewerbeamtes Cottbus 3000 Häftlinge aus dem Konzentrationslager Oranienburg gearbeitet haben. Beim Bau des Truppenübungsplatzes Kurmark wurden zahlreiche ungarische Juden beschäftigt; das Bewachungspersonal bestand meist aus Volksdeutschen aus Ungarn und Rumänien. – Im Juli 1943 gab das Heeresbauamt Potsdam, Bauleitung Krugau in Gr. Leuthen, Kr. Lübben, die Größe des Baugeländes mit 220 ha an; die Länge der Umwehrung betrug 10 km; der Platz lag abgelegen; das Bauvorhaben hatte die höchste Dringlichkeitsstufe. Die Errichtung einer solch weitläufigen Heeres-Munitionsanstalt im Sommer 1943 hing wohl mit der Luftgefahr in den westlichen und nördlichen Reichsgebieten zusammen. – Das Reichsministerium Speer errichtete verschiedene Ausweichlager, u. a. für Maschinen und Produktionsmittel in Calau (Februar 1944) und Klettwitz (Februar 1945). Der Wehrkreissanitätspark III, Verbandsmittelabteilung, unterhielt in Forst und Kirchhain

Ausweichlager; das Forster beschäftigte im Januar 1944 über 300 Personen, im Oktober 216. – Für die Bauleitung Krugau bestimmt war wohl auch die Überweisung von 60 Häftlingen aus dem Konzentrationslager Oranienburg nach Lübben im April 1944. Die Luftwaffen-Bauleitung Werder/Havel beschäftigte beim Bau einer Abwehrstellung bei Grabig, Kreis Sorau, 16 Zivilarbeiter. Die Abwehrstellung wurde wahrscheinlich zum Schutz von Focke-Wulf gebaut. Auch das Lufttanklager in Nieder-Ullersdorf steht vielleicht mit diesem Werk im Zusammenhang. Die erste Nachricht darüber liegt aus dem Januar 1944 vor. Dort wurde u. a. Treibstoff gemischt, der als sehr giftig bezeichnet wurde. Reservelager richtete die Luftwaffe in Atterwasch, Kreis Guben, in Spremberg, Neu-Petershain und Vetschau im Lauf des Sommers 1944 ein.

Der totale Krieg war auch ein Papierkrieg! Die Heeresvorschriftenverwaltung, Zweigstelle Cottbus, beschäftigte im September 1944 96 Zivilarbeiter. Die mit dem Drucksachen- und Papiertransport beschäftigten zwei Arbeiter bewegten täglich (!) 90 Tonnen! Die Luftwaffenbauleitung (LWB) Korück, Gr. Koschen, hatte wohl nur mit Häftlingen gearbeitet, die u. a. Telegrafenbauarbeiten auszuführen hatten. Beschäftigt wurden im Oktober 1944 200, im November über 500 Häftlinge. – Der Kuriosität wegen sei erwähnt, dass die Propaganda-Kompanie „Eichkater" des 9. AOK seit Februar 1945 in Lübben ein sechsmal erscheinendes Nachrichtenblatt herausgab; wie lange diese Lügenzeitung erschienen ist, ist nicht bekannt.

Alle diese Verlagerungen und Einrichtungen von Dienststellen und Fabrikationsanlagen erforderten neben der Bereitstellung von erheblichen Materialmengen auch gewaltige Transportleistungen für die Schwergüter der Bauindustrie. Abgesehen von den heimischen Firmen findet man auch die bereits beim Bau der Dynamitfabrik aufgezählten wieder. Diese sind auch tätig bei der Beseitigung der Fliegerschäden der Brabag und der Vereinigten Aluminium-Werke in Lauta. Insgesamt waren es 16 große Bauunternehmen West- und Mitteildeutschlands, die durch ihre Montagekolonnen die Wiederherstellungsarbeiten in großem Umfang auszuführen hatten.

Abgesehen von den zahlreichen Kriegsgefangenen, die von der Brabag, der Fimag, Focke-Wulf, der Dynamitfabrik, Raspe & Co. in Peitz, Römmler-Spremberg, Elektrowerk Trattendorf und den Lauta-Werken beschäftigt wurden, wurden auch Häftlinge aus dem Gerichtsgefängnis Forst, dem

Frauenzuchthaus Cottbus, dem Zuchthaus Luckau und Insassen des Konzentrationslagers Theresienstadt zur Arbeit herangezogen. Es waren immer gesundheitsschädigende Arbeiten, die ihnen zugewiesen wurden. Bei der Brabag mussten auch 700 italienische Internierte arbeiten. Das Elektrowerk Trattendorf ließ besonders schmutzige Arbeiten von amerikanischen Kriegsgefangenen ausführen (Mai 1943 über 500, im Juni über 700). Die Fimag (Finsterwalde) nannte über 300 französische Kriegsgefangene und 234 internierte Italiener; Raspe-Peitz (Gummiwaren) über 200 Italiener und Franzosen. Zu diesen Kriegsgefangenen kamen noch die in die Hunderte gehende Zahl von Zivil- und Ostarbeitern und der Polen.

Auch in der Niederlausitz mussten immer ausgedehntere Luftschutzmaßnahmen getroffen werden (besonders im Luftschutzort I. Ordnung Cottbus), die nicht nur von den zum Sicherheits- und Hilfsdienst eingezogenen Handwerkern und technischen Kräften der Luftschutzpolizei ausgeführt werden konnten. Es mussten ausgeführt werden: Feuerschutzanstriche, Bau von Löschwasseranlagen, Bunker für Menschen, Splitterboxen für Fahrzeuge, Mauerdurchbrüche in Wohnhäusern, Splitterschutzgräben usw. Alle diese Arbeiten verschlangen viel Material, das unter großen Anstrengungen hergestellt und transportiert werden musste. Die ersten bestimmten Nachrichten über Fliegerschäden in der Niederlausitz finden sich in den herangezogenen Unterlagen aus Sorau, das am 11. April 1944 schwer getroffen wurde. Die Tuchfabrik Erdmann Hoffmann meldete den Verlust der Zwirnerei, die niederbrannte. Die Mechanische Weberei Martin & Co. wurde völlig zerstört und musste sich in anderen Fabriken einrichten. Auch die bekannte Buchdruckerei Rauert & Pittius wurde schwer beschädigt. Die Textilingenieur-Schule erlitt Teilschaden. Das Klinkerwerk Otto Martin in Helmsdorf, das 30 Personen beschäftigte, wurde bei demselben Angriff zerstört. Als Ersatz für diesen wichtigen Betrieb wurde die stillgelegte Ziegelei Gebr. Jeschke in Teuplitz wieder in Gang gebracht. Über die beiden Angriffe des Sommer 1944 auf Focke-Wulff in Cottbus wurden bereits Angaben gemacht. Zur Beseitigung der entstandenen Schäden wurden in Sorau, Cottbus, Lauta und Schwarzheide Bau- und Hilfsarbeiter auch aus großer Entfernung (z. B. Templin) herangezogen.

In den erwähnten Anträgen finden sich zahlreiche Nachrichten aus dem industriellen Leben der Kriegszeit. Aus den Anträgen auf Seife und Brot spricht die wachsende Verelendung und Entkräftung zu uns. In drei Fällen wird von Verweigerung einer längeren oder verlängerten Arbeitszeit berichtet (Römmler und Autoflug, beide in Spremberg, und Fimag, Finsterwalde). Die Anträge auf bessere Zuteilung von Kernseife rissen nicht ab. Die Polemiken gegen ihre Ablehnung nahmen immer gereiztere Formen an. Römmler – Spremberg merkte erst im Februar 1944, dass ein Teil der Belegschaft bummelt [das hatte der Reichsminister für Arbeit bereits ein Jahr früher gemerkt]. Die Lauta-Werke stellten im Mai 1943 ein Ansteigen der Krankenziffern fest. Die Fimag wollte im November 1944 das bis dahin bestehende Nachtarbeitsverbot für deutsche Frauen gelockert wissen.

Die Arbeitskraft wurde bei verlagerten Betrieben aufs Äußerste ausgenutzt, wenn Transport- und Hebeanlagen fehlten (Dynamitfabrik; Heylandt/fahrbare Eisenbahnanlagen; es mussten Lasten bis 7 Tonnen mit einfachsten Hilfsmitteln gehoben werden, Schröder – Peitz/Panzerplatten bis 4 Tonnen ohne Krananlage zu heben). Hinzu kamen die schweren Demontagearbeiten in den Tuchfabriken, die geräumt werden mussten; für diese schweren Arbeiten waren meist nur ältere Arbeiter zu haben. Zu der langen Arbeitszeit kam gewöhnlich noch der lange Weg von und zur Arbeitsstätte mit der Eisenbahn oder dem immer mehr strapazierten Fahrrad.

Das Elektrowerk Trattendorf baute 1943 eine neue Hochspannungsleitung nach Marke bei Dessau. Im November 1943 mussten schwierige Mastbauarbeiten ausgeführt werden: Aufrichten von Masten, Aufstocken von Masten in 30 bis 40 Metern, in der Nähe Berlins sogar in 40 bis 50 Meter Höhe. Die Märkischen Elektrizitätswerke in Berlin bauten im Zuge des Wärmekraft-Sofort-Programms eine Hochspannungsleitung von Ziltendorf (Kr. Guben) nach dem Kreis Teltow. Der Kraftwerksneubau Tröbitz der Grube Hansa genoss eine hohe Dringlichkeitsstufe. Vom November 1944 bis Anfang 1945 lief eine Aktion zum Abbau der Kupferleitungen an Hochspannungsanlagen und deren Ersatz durch Eisenkabel. – Im Auftrag des Reichsamtes für Bodenforschung im Rahmen des „Mineralöl-Programms" führte die Oxilicuit-Sprengluft GmbH in Vetschau Sprengungen in wasserführenden Gräben, Tümpeln u. dgl. durch. Die Gummiwarenfabrik Raspe & Co klagte im Sommer 1943 darüber, dass sie ihre Lastwagen nach dem Rheinland schicken müsse, um dringend benötigte Materialien herbeizuschaffen, die infolge des zerrütteten Transportwesens Peitz nicht rechtzeitig erreichten. (Die Blitzsendungen der Reichsbahn aus Westdeutschland nach Cottbus zu den Mechanischen Werken waren 1944 oft 14 Tage unterwegs; andernseits kamen gewöhnliche Frachtsendungen schon in 5 Tagen an, sodass an bewusste Sabotage gedacht werden konnte.) Aus den folgenden Zeiten ist es bekannt, dass Kuriere auch nach West und Süd gesandt werden mussten, um wahrhaft bescheidene Mengen an Rüstungsgut zu besorgen. Im Jahr 1944 standen bei den Mechanischen Werken in Cottbus oft 20 bis 30 Fahrzeuge auf Lager, die nicht abgenommen wurden, da das vorgeschriebene Werkzeugzubehör aus Westdeutschland nicht herbeigeschafft werden konnte. Im Januar 1945 erwähnten die Venus-Werke in Lübben die Anfertigung von Kinder-Gasjäckchen (die auch in Guben hergestellt wurden).

Es war den Alliierten – wie hier für ein kleines Gebiet bewiesen wurde – gelungen, die wichtigsten Industrien (Flugzeug- und Benzinwerke) zu lähmen oder zu vernichten. Die Desorganisierung des Transportwesens durch Bombardierung wichtiger Bahnhöfe oder Beschießung fahrender Züge machte sich in der Niederlausitz bis gegen Kriegsende nur im Ausbleiben der benötigten Güter bemerkbar. Am 15. Februar 1945 wurde der Bahnhof und seine Umgebung (u. a. Wohn- und Industrieviertel) zerstört, zu einem Zeitpunkt, an dem sich die Rote Armee Forst näherte und die Parole ausgegeben wurde: „Cottbus wird an der Neiße verteidigt!" Cottbus war neben Dresden der einzige große Knotenpunkt in Frontnähe, dessen Zerstörung geboten erschien.

Brennendes Rathaus, 21.4.1945;
Städtische Sammlungen Cottbus (Fotograf: Alder)

Brennendes Rathaus, 21.4.1945;
Städtische Sammlungen Cottbus
(Fotograf: unbekannt)

Oberkirche, 1945;
Städtische Sammlungen Cottbus, IV 56/2300a
(Fotograf: Heinrich Lucia)

Klosterkirche/
Wendenstraße, 1945;
Städtische Sammlungen
Cottbus
(Fotograf: Fritz Unger)

Neumarkt/Neues Rathaus,
nach 1945;
Städtische Sammlungen
Cottbus, IV 56/2298b
(Fotograf: Heinrich Lucia)

Hotel „Weißes Roß", Berliner
Straße, um 1946;
Städtische Sammlungen
Cottbus, V 24/Z
(Fotograf: Heinrich Lucia)

Post, Hotel „Weißes Roß",
Berliner Platz;
Städtische Sammlungen
Cottbus
(Fotograf: Heinrich Lucia)

Kaufhaus Waldschmidt,
Spremberger Straße, um
1946; Städtische Sammlungen
Cottbus, V 30/Z
(Fotograf: Heinrich Lucia)

Sandower Brücke, um 1946;
Städtische Sammlungen
Cottbus, V 31/Z
(Fotograf: Heinrich Lucia)

Bahnhofstraße/Ecke Carl-
Blechen-Straße, 1945;
Städtische Sammlungen
Cottbus, IV 56/2301
(Fotograf: Heinrich Lucia)

Lutherkirche, 1946;
Städtische Sammlungen
Cottbus, IV 56/2303a
(Fotograf: Heinrich Lucia)

## Männer und Frauen von Cottbus!

Unsere Kampfparole lautet:

## Cottbus wird an der Neiße verteidigt!!

Der Soldat an der Neiße, der Bauer auf dem Land und Ihr in Cottbus seid Garanten dafür.

Cottbus ist F r o n t s t a d t, macht es zur F e s t u n g !

Nehmt den roten Bestien die Lust, unsere Stadt anzugreifen! Zeigt ihnen, daß Cottbus nicht lockendes Ziel ihrer sadistischen Gelüste, sondern Grab ihrer Massen wird!

Durch den Bau von Sperren, Panzergräben und Stellungen helft Ihr Euren tapferen Soldaten und Volkssturmmännern in Stunden der Gefahr.

Schafft einen schützenden Wall um Eure Heimatstadt und greift deshalb zu Schaufel und Picke! Beweist damit, daß Ihr — wie jede deutsche Stadt — bereit seid, den feindlichen Ansturm zu brechen.

Männer und Frauen versammeln sich erstmalig am **Sonnabend, dem 31. März 1945** auf folgenden Plätzen:

**Augusta-Schule — Pücklerbrücke, Karl-Blechen-Park — SA-Brücke — Thiemstr. a. d. Bahnüberführung — Bismarckschule, Hof.**

Es bleibt Euch überlassen, vormittags oder nachmittags zu arbeiten.
Die Arbeitszeit beginnt vormittags um 8 Uhr und nachmittags um 13 Uhr an den Sammelplätzen. Schaufeln usw. sind mitzubringen.

Der Festungskommandant.

An die Hausbesitzer oder deren Vertreter ergeht die Aufforderung, diesen Aufruf allen Hausbewohnern bekanntzugeben.

C/VNN

Propagandaplakat Cottbus, März 1945;
Städtische Sammlungen Cottbus, V 40/T

Schützenplatz, 15.2.1945;
Städtische Sammlungen
Cottbus, V 16 958/Z
(Fotograf: Hans Piater)

# Cottbus in den letzten Kriegsmonaten

Der Sommer 1944 stand im Zeichen großer Kämpfe und einschneidender Ereignisse. Die Sommer-Offensive der Sowjets führte sie bis an die ostpreußische Grenze. Die Flüchtlinge, die von dort nach Cottbus kamen, befanden sich in genau demselben kläglichen Zustand wie die in Berlin ausgebombten, die in Cottbus einquartiert wurden. Das Attentat auf Hitler – das nicht so verschwiegen werden konnte wie die illegale Tätigkeit der Widerstandskämpfer – zeigte die schweren Risse im Gebäude des Nationalsozialismus und der herrschenden Klasse und Kaste auf. Die Vierzehnjährigen wurden als Flakhelfer nach Berlin eingezogen (2. August 1944). Anfang August wurden Verwaltungen und Betriebe ausgekämmt, um Schanzarbeiter für Panzergräben und andere Verteidigungsanlagen in der Nähe von Zielenzig zu gewinnen; auch ausländische Arbeiter wurden dazu herangezogen. Zahlreiche UK-Stellungen wurden aufgehoben und Verpflichtungen in die Rüstungsbetriebe ausgesprochen. Funktionäre der Linken wurden – soweit sie nicht schon festgesetzt worden waren – „vorsorglich" verhaftet und in Konzentrationslager gebracht. Im September wurden eine Anzahl Einzelhandelsgeschäfte geschlossen (es gab ja kaum noch etwas zu kaufen) und weitere Frauen in Rüstungsbetriebe gesteckt. Der „Volkssturm", aus den in der Heimat verbliebenen Männern gebildet – Anfang Oktober –, wurde von den Alliierten in Flugblättern kommentiert:

*„Volkssturm – Volksmord! Weil die Herren Hitler, Himmler, Goebbels und Konsorten wissen, dass ihr schuldbeladenes Leben verwirkt ist, wollen sie die deutsche Nation zum Selbstmord zwingen!"*

Seine Vereidigung erfolgte am 12. November 1944 auf dem Schillerplatz. Im Spätherbst standen die Alliierten an der West- und Ostgrenze des Reiches; die östliche Front verlief noch entlang der Weichsel, die Sowjets standen nach der Befreiung Rumäniens in Ungarn. „Hitler sieht schwarz!" – so wurde die Schatten-Warnaktion der Nazis begrüßt, die darin bestand, dass überall über Nacht Plakate und Zettel angeklebt wurden; die einen Schatten, d. h. einen Spion, mit der Aufforderung zum Schweigen zeigten.

Über den Ausgang des Krieges machte sich kein Mensch eine einigermaßen richtige Vorstellung. Dass sich die Nazis rechtzeitig, d. h. auf ausländischem Boden, zu einem Waffenstillstand bereit finden würden, war eine Hoffnung, die im Laufe des Herbstes begraben wurde. Andere Hoffnungen hatten sich infolge der nazistischen Flüsterpropaganda auf die Uneinigkeit der Alliierten und die Wirkung neuer Waffen (Raketen) gerichtet. Und doch – die Nazis hatten etwas über die alliierten Kriegsziele verlauten lassen. Mitte Februar 1944 erfuhren die Leser des „Cottbuser Anzeigers", dass die Sowjets Königsberg, die Polen Stettin und Schlesien erhalten würden. Aber wer glaubte das schon oder hielt eine solche Aussicht überhaupt für möglich? War das nicht eine bloße nazistische Ausstreuung, um den erschlafften Volksgeist aufzuputschen? Vor Weihnachten 1944 wurde von polnischer Seite die Ausweisung aller Deutschen aus Schlesien angekündigt. Das auch über der Lausitz abgeworfene Flugblatt „An die Schlesier!" mag davon berichtet haben. Die Oder und untere Neiße (d. h. die Lausitzer Neiße) wurde von Polen bereits als künftige Westgrenze bezeichnet. Die Kampflage gefährdete die Versorgung auf allen Gebieten. Mitte November 1944 wurde eine 20%ige Gaseinsparung und eine Einschränkung des Stromverbrauchs angeordnet; davon wurde auch die Rüstungsindustrie betroffen! Cottbus kündigte am 29. November Gassperrstunden an. Mitte Dezember wurden die Kartoffelrationen rückwirkend herabgesetzt, d. h. je nach der pro Person eingekellerten Menge musste der Verbraucher bis Mitte Februar bzw. 27. Mai auskommen. Ende Dezember wurden die „Kriegsfreiwilligen" der Hitler-Jugend von der Ersatz-Division „Großdeutschland" in Cottbus übernommen. Zu allen diesen Sorgen der Bevölkerung kamen noch die der Nazis und der Wehrmacht. In welcher Richtung sich diese bewegten, verriet der „Cottbuser Anzeiger" in einem Beitrag von beachtlicher Länge: „Wie die Wehrmacht den Deutschen Gruß ausführt". In der Nummer vom 14. Dezember ist dieses Dokument abgedruckt. Bereits am 16. November hatte dasselbe Blatt die Ergänzung zum Wehrgesetz veröffentlicht, nach der Soldaten weiterhin Parteigenossen bleiben!

Die ersten Januartage 1945 sahen die Fronten noch unverändert aus. Die Amerikaner hatten einen deutschen Vorstoß – von dem man sich viel versprochen hatte – zerschlagen. Der Luftkrieg wurde immer heftiger geführt, die Deutschen beschossen London weiterhin mit schweren Raketen. Im Inneren bereiteten die zahlreichen Kriegsgefangenen und ausländischen Zivilarbeiter den Machthabern eine immer mehr wachsende Sorge. Sie waren in der gesamten Wirtschaft nicht zu entbehren. Allein in Cottbus wurden 1944 5000 beschäftigt. Im Stadtgebiet, in Gallinchen und Ströbitz gab es 27 Ausländerlager; deren geringste Belegung betrug 24, die höchste (Mechanische Werke) 600. Zur Verstärkung der Polizei wurden vielfach Ukrainer herangezogen, die als Schutzmänner oder Werkswächter fungierten. Über die Beobachtung dieser Zwangsarbeiter ergingen immer wieder Befehle zur genauen Überwachung, denn je länger der Krieg dauerte, um so mehr lockerte sich die Aufsicht. Im ganzen Lande (nicht nur in der Niederlausitz) strichen entwichene Kriegsgefangene und „kontraktbrüchige" Zivilarbeiter herum. Der nachfolgende „Kalender" versucht eine Übersicht über die Veränderungen, Ereignisse und Anordnungen bis zum Tag der Befreiung der Stadt Cottbus am 22. April 1945 zu geben. Dazu herangezogen wurden die gesammelten Notizen aus Akten und dem „Cottbuser Anzeiger". Von diesem sind die Nummern nach dem 15. Februar, dem Tag des Bombenangriffs auf den Bahnhof nicht vollständig vorhanden, sie hören am 1. März überhaupt auf. Auch in den erhaltenen Akten wirkt sich die Zeit nach dem 1. März aus. Die Stadtverwaltung war überreichlich mit der Auswirkung der Bombardierung beschäftigt; hinzu kam, dass militärische Kommandostellen in das gesamte öffentliche Leben „regelnd" eingriffen. Nicht vergessen werden darf, dass sich auch in dem nazistischen Beamtenkörper eine Lähmung ausbreitete, die von den in nächster Nähe sich abwickelnden militärischen Ereignissen ausging; die Sorge um die eigene Zukunft drängte sich immer mehr nach vorn. Die Akten der letzten Wochen, besser das gesamte Schriftgut der letzten Wochen, verbrannte entweder bei der Brandstiftung im Rathaus oder es wurde im Zug der Aufräumung vernichtet. In den unversehrt gebliebenen Teilen des Neuen Rathauses herrschte nach dem Brande ein wüstes Chaos, sodass von den wenigen Aufräumungskräften kurzer Prozess gemacht wurde.

## 1. *Januar*

In einer Meldung wird die Stärke der Stadtwacht (aus SA und anderen „zuverlässigen" Volksgenossen gebildet) mit 137 Mann angegeben.

## 12. *Januar*

Musterung der Freiwilligen für die Waffen-SS; es fanden sich 126 Bewerber ein (!), von denen 75 als tauglich befunden wurden.

Beginn der sowjetischen Großoffensive an der gesamten Front. Soldaten, zumal aus den großen Städten Polens, flüchteten in hellen Scharen, vielfach ohne Rücksicht auf die deutschen Zivilisten. In wenigen Tagen erreichten die Sowjets Krakau und Litzmannstadt (Lodz).

Die Luftschutzpolizei erhält den Befehl, auf die in den Unterkünften befindlichen Waffen samt Munition gut zu achten, da Ausländer versuchen könnten, sich ihrer zu bemächtigen.

## 13. *Januar*

Auch die reguläre Polizei erhält diesen Befehl, damit die Waffen nicht „Ausländern und sonstigen unzuverlässigen Elementen" in die Hände fallen können.

## 17. Januar

Für den Volkssturm werden die Jahrgänge 1884–1924 erfasst.

Trecks mit Flüchtlingen in der Stadt; sie kommen noch mit Pferd und Wagen, Zunahme in den folgenden Tagen.

Die Eisenbahnzüge aus Schlesien sind überfüllt. Die Fliehenden fahren bei strenger Kälte auf offenen Wagen. Erfrorene Flüchtlinge jeden Alters und Geschlechts werden von den Waggons auf den Bahndamm geworfen. Kinder werden auf offener Lore geboren. Flüchtlinge aus dem mit Einschließung bedrohten Breslau treffen auf dem Bahnhof Cottbus ein.

## 18. Januar

Die Lebensmittelkarten des Warthe-Gaues haben auch in Cottbus Gültigkeit.

Hausbrandkohle wird nur noch zu 70 % des bisherigen Umfangs zugestellt.

## 20. Januar

Alle Schnell- und Eilzüge im Reich fallen aus.

Die Stadtwacht (Werkwacht) soll aufgelöst werden; ein gleichstarker Trupp des Volkssturms wird zur Bekämpfung innerer Unruhen bereitgehalten.

Kennzeichnung deutschfreundlicher Ostarbeiter; sie dürfen die Straßenbahn benutzen und Kinos und Gaststätten bis 20 Uhr besuchen.

Überwachung der Sammelstellen für das „Volksopfer" angeordnet (Kleidersammlung; der nicht genannte Zweck dieser Maßnahme liegt wohl in der Verhinderung oder Erschwerung von Desertionen).

### 22. Januar

Weitere Einschränkung des Gasverbrauchs (da die Gaskohle aus Schlesien ausbleibt).

Mit Fernspruch an die Polizei werden die Namen von 27 Polizeibeamten mitgeteilt, die sich „unerlaubt von der Einheit" entfernt haben (wo, ist nicht ersichtlich, in Cottbus wurden sie bis 1. Februar nicht gemeldet).

Abstellung von 27 Polizisten nach Lager Nuhnen (bei Frankfurt).

### 23. Januar

Der „Berliner Hof" wurde infolge des großen Flüchtlingsstromes Ausweich-Krankenhaus.

Briefe sind nur noch im Nahverkehr zugelassen; auf weitere Entfernungen dürfen nur Postkarten versandt werden.

## 24. Januar

Die Stadtwacht wird in „Volkssturm" umbenannt; Aufgabe bleibt wie bisher die Unterdrückung eventuell ausbrechender innerer Unruhen.

Der Befehlshaber der Ordnungspolizei Posen (Wehrkreis 21) sendet dienstliches und privates Gepäck (Umfang?) seines Stabes nach Cottbus („ – das letzte, was die Angehörigen des Stabes besitzen.") Unterbringung im Kaufhaus Langer, Spremberger Straße.

## 25. Januar

Der „Cottbuser Anzeiger" bringt für die Teilnehmer der Trecks beschwichtigende Worte.

Einführung eines neuen Warnsignals „Luftlandealarm" – ein fünf Minuten lang an- und abschwellender Heulton.

## 26. Januar

Die Sowjets haben die Oder bei Steinau erreicht.

Die Abwicklungsstelle des Oberbürgermeisters von Litzmannstadt befindet sich im Neuen Rathaus, Zimmer 101; dort werden Fluchtschadensmeldungen angenommen.

*27. Januar*

Der „Cottbuser Anzeiger" veröffentlicht „Kriegs-
bilder aus Breslau" (das zur Festung erklärt wurde).
Die Lebensmittelkarten für Danzig und Westpreu-
ßen gelten auch in Cottbus.

Der Polizeioffizier vom Dienst hat sich Tag und
Nacht in seinem Dienstraum aufzuhalten.

Im Rieselwärterhaus an der Peitzer Chaussee,
bei Gottwald (Forster Straße) und im Torhaus des
Südfriedhofes werden Auffangstellen für aus dem
Osten geflüchtete Polizisten eingerichtet. Alle
Gestellten einschließlich der Offiziere müssen ge-
sammelt dem 1. Polizeirevier zugeführt werden.
Ausweispapiere sind abzunehmen. Transportzu-
sammenstellung am andern Tag, Meldung an den
Regierungspräsidenten nach Frankfurt/O. und
Zuführung an die zuständigen Stellen. Bahnhofs-
polizei, Wehrmacht und Polizeistreifen haben nach
Angehörigen der Ordnungspolizei zu fahnden und
sie dem 1. Polizeirevier zuzuführen.

(Die Polizei erschien demnach nicht mehr als
zuverlässig, was sich aus der großen Zahl der „Re-
servisten" erklärt, die häufig ohne Begeisterung bei
der Sache waren.)

Gemäß Standortbefehl ist bei der Brigade
(Großdeutschland?) ein Sonderstab zwecks Er-

fassung versprengter Wehrmachtsangehöriger zur Weiterleitung an die Truppenteile zu bilden. Sonderstreifen haben alle verdächtigen Wehrmachtsangehörigen oder solche, die vielleicht Z i v i l tragen, festzunehmen und das Vorhandensein von Papieren zu überprüfen.

Einrichtung eines Kurierdienstes zum Regierungspräsidenten nach Frankfurt/O.

## 29. Januar

Errichtung eines Panzerwarndienstes an der Autobahn südlich des Wasserturms an der Reichsstraße 168; er muss ständig besetzt sein; auf ost- und südwärts anrollende feindliche Panzer ist zu achten. Meldungen bei Ausfall der Zentrale über Post-Geheimapparat nach Berlin.

## 30. Januar

Im „Cottbuser Anzeiger" erscheinen die ersten Suchanzeigen nach verlorengegangenen Flüchtlingsangehörigen (weitere Anzeigen in den folgenden Nummern).

Die Polizei ersucht sehr dringend die Kreisleitung, ihr zwei Volkssturmkompanien zwecks Bekämpfung eventuell ausbrechender innerer Unruhen zur Verfügung zu stellen; deren Führer sollen sich zu Vorbesprechungen melden.

### 31. Januar
Die Sowjets erreichten die Linie Meseritz – Züllichau – Schwiebus; am 1. Februar war die Oder bei Küstrin erreicht.

### 1. Februar
Forst meldet, dass in Richtung Gahry gegen 17.30 Uhr einige Fallschirmspringer abgesetzt worden sind.

Ein Fernspruch bestimmt, dass Kriegsgefangene zu Fuß ins Reich marschieren müssen. Kriegsgefangene ohne Bewachung sind sofort zu erschießen. [Dieser Befehl wurde kurze Zeit nach Aufgabe dahin abgeändert, dass von und zur Arbeit gehende Gefangene davon ausgenommen sind].

Gasabgabe kommt vorübergehend zum Erliegen. [Nach dem „Cottbuser Anzeiger" handelt es sich um eine abermalige Kürzung der Gas- und Strommenge.] Schließlich erfolgt ein Gaskochverbot.

### 3. Februar

Die Lebensmittelrationen müssen jetzt 5 Wochen reichen, da wichtige Versorgungsgebiete ausgefallen sind.

Die Polizisten empfangen Brotbeutel, Feldflasche und Kochgeschirr.

Die Dienststelle des Befehlshabers der Ordnungspolizei Posen befindet sich für kurze Zeit im Kaufhaus Langer, Spremberger Straße, Obergeschoss (s. a. 24. Januar).


### 5. Februar

Sowjets auf der Linie Küstrin – Frankfurt – Crossen – Grünberg.

Kürzung der im Herbst eingekellerten Kartoffelmenge um 25 Kilo; die demnach zu viel erhaltene Menge muss zurückgegeben werden. Glücklicherweise verzögerte die Bevölkerung die Rückgabe, bis schließlich keine Behörde mehr danach fragte.

Für Trecks wurden auf den Landstraßen Lotsenstellen errichtet.

Die Polizei wendet sich abermals an die Kreisleitung, um bestimmte Züge des Volkssturms, II. Aufgebot zur Bekämpfung innerer Unruhen, zur Unterstützung des Abschnittskommandeurs zur Verfügung gestellt zu erhalten.

Flüchtlinge aus Sommerfeld sind teils gut, teils schlecht behandelt worden. Der deutsche Soldat erscheint nach ihren Angaben in einem neuen und unerfreulichen Licht (Verwüstung von Wohnungen, mutwilliges Verderben von Lebensmitteln).

### 6. Februar

Crossen erreicht. – Allgemein wurde der Bevölkerung geraten, sich ein Fluchtgepäck bereitzulegen. (Bereits am 24. Januar erging ein Kommandobefehl über Rückverlegung der Ordnungs- und Luftschutzpolizei. Es wurde allen freigestellt, bei Auslösung des Stichwortes „Drossel" oder „Falke" die Stadt zu verlassen, mit Ausnahme der zur Verteidigung benötigten Kräfte. Eine aufzustellende verstärkte Kampfkompanie stand dem Kampfkommandanten Cottbus zur Verfügung.)

Nach dem „Cottbuser Anzeiger" befindet sich Burgstraße 50 die Dienststelle für Nachwuchsführer (!).

### 7. Februar

Das Artilleriefeuer ist lauter zu hören. – Kämpfe bei Fürstenberg werden gemeldet.

Warnung vor Beschäftigung unbeaufsichtigter Kriegsgefangener in Landwirtschaft und Gewerbe, da dadurch Spionage und Sabotage begünstigt werden.

### 8. Februar
Die Stadt nimmt verirrte oder verlassene Flüchtlingskinder in ihre Obhut.

Die Regierung in Frankfurt verlässt die Stadt und rückt nach Cottbus und Luckau ab. Der Regierungspräsident quartiert sich im Neuen Rathaus ein.

### 9. Februar
Eine Aktennotiz besagt, dass die Kreisleitung eine Funkstelle unterhielt (seit wann?).

Beim Landgericht Cottbus wurde ein Sondergericht gebildet; es verurteilt einen Polen wegen Diebstahls zum Tode und lässt das Urteil sofort vollstrecken.

### 10. Februar
Der „Cottbuser Anzeiger" druckt einen Bericht über die Festung Frankfurt ab.

Für das Landgebiet wurde erhöhte Luftschutzalarmbereitschaft erklärt. (Bordwaffenbeschuss nimmt zu.)

An die Rückgeführten aus Litzmannstadt wendet sich ein Artikel im „Cottbuser Anzeiger".

Der Polizeipräsident in Berlin fragt nach der Stadtverwaltung Litzmannstadt in Cottbus nach.

Jedem Polizeirevier werden 12 Panzerfäuste zugeteilt; der Rest bleibt im Keller des Neuen Rathauses; mit der Ausbildung muss sofort begonnen werden.

Der Höhere SS- und Polizeiführer für Berlin und Brandenburg befiehlt den Kommandeuren der Sicherungsabschnitte die sofortige Überprüfung der Alarmordnung.


*12. Februar*

Geheime Anweisung des Oberpräsidenten über die Rückverlegung von Dienststellen: nur auf Befehl! Sonst Todesstrafe. Anordnungen Berliner Stellen gelten nicht! Anträge untergeordneter Stellen beim Reichsführer SS haben keine Aussicht auf Erfolg. – Höchste Alarmstufe für die Ordnungspolizei, ständiger Aufenthalt in den Diensträumen!

Das Restkommando des Befehlshabers der Ordnungspolizei Posen rückt nach Havelberg ab.

### 13. Februar

Höchste Alarmbereitschaft für das östliche und südliche Brandenburg. (Der Erlass trägt das Datum vom 31. Januar, Berlin.)

16.30 Uhr Luftlandealarm für den Volkssturm; gerüchtweise verlautet von Fallschirmspringern bei Sagan oder Sorau.

### 14. Februar

Die Sowjets erreichen Sorau. – Dresden wird bombardiert.

Ein Zug mit Schwangeren und Müttern mit Kleinstkindern verlässt Cottbus.

### 15. Februar

Das Feldjägerkommando (mot) III rückt nach Luckau ab. Neue Fahrbefehle für Wehrmacht, Polizei und Zivil. Kurz nach 11 Uhr Fliegerangriff auf Cottbus bei strahlendem Sonnenschein. Von vier Bomberwellen zu je 200 Flugzeugen werden Spreng- und Brandbomben auf die Bahnanlagen abgeworfen. Dabei entstehen südlich und entlang der Bahn schwerste Schäden. Zerstörung fast aller Industriebetriebe; zahlreiche Feuersbrünste. In der Innenstadt werden nur wenige Häuser von Bomben getroffen. Von Cottbuser Einwohnern über 700 getötet; Gesamtzahl der Getöteten (Flüchtlinge, Soldaten) auf 3000 geschätzt. Zahl der Verletzten nicht bekannt, da Transporte nach auswärts gingen. Die Höhe des angerichteten Gesamtschadens dieses Angriffs ist nicht bekannt. – Abgeworfen wurden 5 Zentner Bomben. – Zu den Bergungs- und Aufräumungsarbeiten waren ca. 1000 Ausländer hinzugezogen. Beginn der anfangs unorganisierten Abwanderung Ausgebombter aus der Stadt. – Der „Cottbuser Anzeiger" stellt einige Tage sein Erscheinen ein, erscheint dann meist einseitig bedruckt. Eine flüchtige Darstellung des Angriffs und der Zerstörungen findet sich in der Ausgabe vom 24. Februar.

Generalleutnant Xylander, Chef des Generalstabes der Heeresgruppe Mitte, ist im Luftraum Görlitz – Bautzen – Cottbus während des Luftangriffs verschollen und wird gesucht.

### 16. Februar

Beginn der Evakuierungen nach Süd-Braunschweig und Hannover (viele dieser Evakuierten kehrten erst 1946 und nur für kurze Zeit nach Cottbus zurück). Der Berliner Platz ist an dieser und den folgenden Tagen oft schwarz von Menschen, die die

Stadt verlassen wollen, für kurze Zeit Abfahrt ab Kolkwitz.

Der Fliegerhorst Guben fordert einen russischen Dolmetscher an. – Der Güterbahnhof Cottbus brennt noch.

Nach AOK 9 haben alle Dienststellen von Partei, Staat und öffentlichen Verwaltungen des Armeebereiches den Befehlen des AOK 9 zu gehorchen.

### 17. Februar

Der SS- und Polizeiführer beim Sonderstab OKM III hat in der Gemeindeschule II am Berliner Platz eine Sammelstelle für Versprengte der Wehrmacht, Polizei und anderer Formationen eingerichtet, der sämtliche Versprengte zuzuführen sind.

Höchste Alarmstufe für die gesamte Ordnungspolizei (mit Wirkung vom 12. Februar).

Verpflegungsstellen für Fliegergeschädigte werden eingerichtet; Vermittlung von Notunterkünften, Betreuungskarten und Abreisegenehmigungen für Fliegergeschädigte im Alten Rathaus. (Die organisatorischen Maßnahmen für den Schadensfall wurden bereits 1943 vorbereitet.)

Die Schutzpolizei Crossen wurde auf Anordnung des Regierungspräsidenten der Cottbuser Polizei eingegliedert.

Himmler verbietet abermals das Verprügeln von Ostarbeitern.

## 18. Februar
Beginn des Barrikadenbaues in der Stadt.

## 19. Februar
Aufruf im „Cottbuser Anzeiger": Jeder gehört an seinen Arbeitsplatz!

„Groß-Deutschlands"-Bevorzugte rücken ab! Die höheren Offiziere samt Angehörigen und Wohnungseinrichtungen setzen sich nach Schleswig-Holstein ab.

Nach dem Wehrmachtsbericht stehen die Sowjets östlich Guben und Sorau.

Gedenkfeier für die Getöteten des Bombenangriffs.

## 21. Februar
Die Sowjets vor Forst. – (Nach dem Wehrmachtsbericht erst am 26. Februar.)

*22. Februar*

Errichtung von Standgerichten im frontnahen Gebiet.

Warnung vor dem Genuss nicht abgekochten Trinkwassers, da die Wasserleitungen mehrfach beschädigt sind.

Eine in Lübben gedruckte Armeezeitung versucht den Mut der Bevölkerung zu heben. Plakate fordern zu Werwolf-Aktionen der Jugend und zum Kampf gegen Panzer auf.

*23. Februar*

Im frontnahen Gebiet herumstreifende Arbeiter sind festzunehmen und dem Arbeitsamt zuzuführen.

*24. Februar*

Wiederholt wird an das Stichwort „Drossel" oder „Falke" erinnert, das die Rückverlegung der Schutz- und Luftschutzpolizei auslöst; dabei sollen auch die Rote-Kreuz-Helferinnen abtransportiert werden.

*28. Februar*

Eine Volkssturmkompanie wird für Polizeiaufgaben, eine andere für die Bekämpfung innerer Unruhen bestimmt. Gerüchte von einer Räumung der Stadt werden kolportiert.

### 1. März

Nach dem „Cottbuser Anzeiger" sind die Lebensmittelrationen für die 73. Zuteilungsperiode abermals gekürzt worden. An gleicher Stelle wird von Hilfe für die Rückgeführten geschrieben. An die Rückgabe der zu viel eingekellerten Kartoffelmengen wird erinnert.

### 3. März

Ein Meldekopf der 35. SS-Polizei-Grenadier-Division befindet sich Markgrafenmühle 1.

Im Neuen Rathaus wird eine Auskunftsstelle für beim Bombenangriff Vermisste eingerichtet.

Bei einem Luftangriff auf die Lauta-Werke werden 44 Personen getötet und 46 verletzt; die Bombe traf den Stolleneingang.

Die Belegung des Polizeigefängnisses beträgt im Durchschnitt wöchentlich 85 Personen. Die Gestapo verurteilte im Schnellverfahren, weiß aber nicht mehr, wohin die Verurteilten gesandt werden sollen und lässt sie deshalb im Polizeigefängnis. In zwei Kellern des Gefängnisses sitzen 23 Franzosen unter sehr schlechten Bedingungen. Errichtung eines Behelfsgefangenenlagers geplant.

### 10. März

Die ukrainischen Wachmänner (Spreewehrmühlen-Lager) erhalten einen russischen Dolmetscher (aus Guben).

Verschärftes Augenmerk der Polizei auf Wehrmachtsangehörige, die wiederholt Zivilkraftwagen stehlen oder ausplündern.

Sonderstab OKH III, SS- und Polizeiführer Generalleutnant Scheer, ist ermächtigt, allen Polizeikräften im Operationsgebiet seines Auffangabschnittes entsprechende Weisungen, auch Verkehrsregelung betreffend, zu erteilen. Beginn der theoretischen Ausbildung der Polizei in der Panzerbekämpfung. Neueinteilung der Luftschutzpolizei für den Kampfeinsatz.

### 10. März

Gerüchte über Verlagerung von Industriebetrieben (u. a. Mechanische Werke nach Zwickau, Grovermann & Hoppe nach Augsburg).

Neue Bezeichnungen der Sicherheitspolizei des Reiches: SD Abt. III; Geheime Staatspolizei Abt. IV; Kripo Abt. V. Neue Alarmzeichen für die Polizei.

Versprengte ausländische Arbeiter sind dem Arbeitsamt zuzuführen.

Alle Fahrzeuge, auch mit höheren Offizieren besetzte, sind anzuhalten und zu kontrollieren (Kontrollpunkte Südfriedhof, Gottwald (Forster Chaussee) und Rieselfeldwärterhaus (Peitzer Chaussee). Auf nicht haltende Fahrzeuge muss sofort das Feuer eröffnet werden.

Himmler untersagt erneut die Prügelstrafe für Ostarbeiter; Übertreter des Verbotes sollen härtestens bestraft werden. (Wurde weiter geprügelt oder wollte er sich ein Alibi beschaffen?)

Bombenbeschädigten Häusern dürfen keinerlei Baustoffe entnommen werden – auch nicht vom Besitzer! –, da sie als für das Reich beschlagnahmt gelten.

Die Dienststelle des SS-Sturmbannes III/27 befindet sich Jägerstraße 8 bei Rautenberger.

Die Dienststelle des Wehrmachtstreifendienstes z. b. V. Kommandeur Oberstleutnant v. Lühmann, befindet sich Lieberoser Straße 7. Alle verdächtigen Wehrmachtsangehörigen (Fahnenflüchtige, Saboteure u. a.) sind festzunehmen und dieser Stelle direkt zuzuführen. Siehe auch unterm 17. Februar! Diese beiden Stellen sind verantwortlich für die Erschießungen von Soldaten auf offener Straße, der

Schaustellung der Erschossenen und Plakatierung ihrer Namen.

## 12. März

Cottbus gehört zur Gefahrenzone des Armeegebietes 9. Das gesamte Personal des Gesundheitswesens muss an Ort und Stelle bleiben. „Kampfgebiet, das zum besetzten Gebiet [NB: d. h. erobert] wird, verlassen Behörden des Gesundheitsdienstes mit der letzten kämpfenden Truppe." Hinweis auf Todesstrafe wegen Feigheit, Eigennutz, Untergrabung der Widerstandskraft, um von vornherein eventuellen Fluchtabsichten entgegenzutreten.

## 15. März

Die Rückführung der Ostarbeiter aus den Wirtschaftsbetrieben ist vorzubereiten. Cottbus gehört zu Gefahrenzone I. (Zur Zone II gehörte bereits Luckau, Jüterbog und Stadtkreis Wittenberg.) Auslösung durch Gauleiterbefehl: „Ostarbeiter zurück!". Dabei dürfen nur Feldwege unter Umgehung Berlins benutzt werden. Höchste Tagesmarschleistung müssen erreicht werden. Begleitung stellt der Volkssturm. Kaltverpflegung für vier Tage muss der Betriebsführer mitgeben. (NB: Der Marschbefehl scheint für Cottbus nicht gegeben worden zu sein.)

### 17. März
Polizei einschließlich Luftschutzpolizei wird am lMg [leichtes Maschinengewehr] ausgebildet.

### 19. März
Die Wlassow-Soldaten, die das Lager Bellevue besuchen, müssen besser beaufsichtigt werden.

### 22. März
Bei Kleinalarm ist weiterzuarbeiten; bei Vollalarm nach erfolgter Entwarnung.

Aus der Zentralturnhalle werden 25 kriegsgefangene Franzosen – die sich unter die dort untergebrachten Zivilfranzosen gemischt hatten – von der Polizei herausgeholt und dem Nachkommando des Stalag nach Ruhland nachgeschickt.

Der Regierungspräsident ist noch in Cottbus (nach dem 28. März nicht mehr feststellbar).

### 24. März
Aus Storkow wird vor zwei Männern in HJ-Uniform gewarnt, die auf Bahnhöfen Erkundigungen

über Truppen- und Materialtransporte einholen wollen; sie sind der Spionage verdächtig.

Der Kampfkommandant Generaloberst Schörner befiehlt der Schupo das Tragen des Stahlhelms.

Kein Soldat darf ohne schriftlichen Auftrag Straßen oder Wirtshäuser besuchen; leichtfertiges Ausstellen solcher Bescheinigungen wird mit dem Tode bestraft!

Standortbefehle gelten auch für Polizisten, da diese in der Frontstadt als Soldaten gelten.

Die ukrainischen Schutzmänner müssen nach Beendung der Instruktionen Waffen und Munition zurückgeben.

### 27. März
Der Oberbürgermeister rügt es, dass einzelne Mitglieder der Stadtverwaltung bereits bei Kleinalarm das Gebäude verlassen, sich am erweiterten Selbstschutz und an den Nachtwachen nicht mehr beteiligen; sie sind zu melden.

### 31. März
Aufruf zu Schanz- und anderen Arbeiten, um Cottbus zur Festung zu machen. Es wurde ein Aufruf verbreitet, in dem es heißt:

„Männer und Frauen von Cottbus! Unsere Kampfparole heißt: Cottbus wird an der Neiße verteidigt!! Der Soldat an der Neiße, der Bauer auf dem Lande und Ihr in Cottbus seid Garanten dafür. Cottbus ist Frontstadt, macht es zur Festung! Nehmt den roten Bestien die Lust, unsere Stadt anzugreifen! Zeigt ihnen, dass Cottbus nicht lockendes Ziel ihrer sadistischen Gelüste, sondern Grab ihrer Massen wird! Durch den Bau von Sperren, Panzergräben und Stellungen helft Ihr Euren tapferen Soldaten und Volkssturmmännern in Stunden der Gefahr. Schafft einen schützenden Wall um unsere Heimatstadt und greift deshalb zu Schaufel und Picke! Beweist damit, dass Ihr – wie jede deutsche Stadt – bereit seid, den feindlichen Ansturm zu brechen. Männer und Frauen versammeln sich erstmalig am Sonnabend, dem 31. März 1945 auf folgenden Plätzen: Augusta-Schule; Pückler-Brücke Karl-Blechen-Park; SA-Brücke; Thiemstraße an der Bahnüberführung; Bismarckschule, Hof. Es bleibt Euch überlassen, vormittags oder nachmittags zu arbeiten. Die Arbeitszeit beginnt vormittags um 8 Uhr und nachmittags um 13 Uhr an den Sammelplätzen. Schaufeln usw. sind mitzubringen.

Der Festungskommandant"

## 2. April

Der Aufruf hatte nur geringen Erfolg (d. h. die Mehrzahl der durch Evakuierung verminderten Bevölkerung übte passive Resistenz). 2000 Ausländer werden zu Schanzarbeiten beordert, die sich aber nach erfolgter Einteilung zu verdrücken wissen. Infolgedessen fahnden Polizeistreifen nach in der Stadt herumstreichenden Ausländern; sie wurden dem Pionierstab in der Augusta-Schule zugeführt. Es war auch auf hamsternde oder sich Lebensmittel beschaffende Ausländer zu achten.

## 7. April

Der Kommandeur der Ordnungspolizei Abschnitt Brandenburg trägt ab sofort den Titel: Kommandeur der Ordnungspolizei im rückwärtigen Armeegebiet.

Wer Verteidigungsanlagen der Wehrmacht als Müllabladeplatz benutzt, schädigt die Wehrkraft, er hat deshalb erhöhte Strafe zu erwarten.

Der Reichsführer SS hat mit sofortiger Wirkung eine Aufnahmesperre für die allgemeine SS verfügt (!!!).

## 14. April

Schärfste Überwachung der Ausländerlager befohlen, desgleichen das Auftreten der Ausländer auf der Straße. Sonderkommando von 2 Revier-Offizieren und 38 Mann, zusammengestellt von auswärtigen Standorten unter der Bezeichnung Sonderkommando Hill (SK Hill); Unterkunft Pestalozzischule, Taubenstraße. Fernsprechanschluss über Kreisleitung. Viele Ausländer laufen ohne Abzeichen herum und benutzen widerrechtlich die Straßenbahn. Polizisten müssen mit Verbandspäckchen ausgerüstet sein. – Seit längeren Wochen hat der Bordwaffenbeschuss mehr und mehr zugenommen; die Geschosseinschläge sind heute noch an zahlreichen Häusern zu sehen.

## 16. April

Lebhafteres Artilleriefeuer von der Front zu hören. Stärkere Fliegertätigkeit der Sowjets; durch Bordwaffenbeschuss geraten in der Umgebung der Stadt Gehöfte in Brand.

## 18. April

Sowjetische Offensive südöstlich der Stadt (nach dem Geschützdonner zu urteilen); Fortsetzung der Fliegertätigkeit, die ungehindert erfolgen kann, da die Jagdflugzeuge seit etwa 14 Tagen den Flugplatz verlassen haben. Über die Kämpfe berichtete der Wehrmachtsbericht vom 19. April: „Auch westlich der Lausitzer Heide griffen die Bolschewisten mit allen verfügbaren Kräften an. Trotz des verbissenen Widerstandes unserer Divisionen konnte der Gegner nach schweren Kämpfen unter Verlust zahlreicher Panzer nördlich von Görlitz und nordwestlich Weißwasser schmale Angriffskeile bis in den Raum östlich von Bautzen und an die Spree beiderseits Spremberg vortreiben."

### 19. April

Die Sowjets erreichen über Drebkau auch Calau (die Eisenbahnverbindung mit Cottbus wurde abends dadurch unterbrochen) und stoßen nach Lübben – Zossen vor.

Nach der Goebbels-Rede zu Hitlers Geburtstag mit der Verheißung, dass in vier Jahren alles schöner aufgebaut sein würde, fällt das elektrische Licht aus. Die Massenabwanderung der Bevölkerung verstärkt sich; zu Fuß und mit Hand- oder Kinderwagen suchen die eingeschüchterten Einwohner den schutzversprechenden Spreewald auf oder sie ziehen weiter, um den Anschluss an den „Ami" zu erreichen. Dieselbe Absicht ist von Angehörigen der Wehrmacht zu hören.

### 20. April

Nachdem der Rückzug der Truppen von der Nei-ße-Front im Allgemeinen abgeschlossen ist, werden die Brücken über die Spree in der Stadt und im Zug der Autobahn gesprengt. Gebäudeschaden in der Sandower Vorstadt. Starker Rückzugsverkehr auf der einzigen freien Straße nach Nordwesten (Schmellwitzer Straße). Die Sowjets unternehmen keinen Störungsversuch. Gerüchtweise verlautet, dass sie bei Branitz und Ströbitz stehen.

### 21. April

Artilleriebeschuss aus Richtung Ströbitz in die jetzige Karl-Marx-Straße und Karlstraße; Gebäudeschaden und Menschenverluste. Das Alte Rathaus wird in den Mittagsstunden von einer Brandbombe getroffen und brennt aus (Mangel an Mannschaften und Löschwasser); weitere Gebäude der Innenstadt brennen durch abgeworfene Brandbomben aus. Die Stadt ist fast menschenleer. Die Spitzen der Stadtverwaltung sind im Keller des Neuen Rathauses versammelt, da ihnen ja das Verlassen der Stadt bei Todesstrafe verboten ist, ein Räumungsbefehl nicht ergangen zu sein scheint und die Aussicht, sich zu retten, recht gering ist. Beginn der Selbstmordepidemie.

## 22. April

Die Rote Armee dringt von Süden und Ströbitz her in die Stadt zwischen 5 und 6 Uhr ein. Geringer Widerstand der deutschen Soldaten. Der „Festungskommandant" beobachtet mit seinem Stab in den Mittagsstunden die langsam vorrückenden Sowjets und verschwindet dann in Richtung Schmellwitz; einem Gerücht zufolge hat er in Drachhausen Selbstmord begangen. Gegen 18 Uhr haben die Sowjets Schmellwitz erreicht, das gegen 19 Uhr besetzt wird. Damit ist Cottbus von den Nazis befreit.

# Nachwort

Max Walther war von 1946 bis 1966 als Stadtarchivar in Cottbus tätig. In dieser Zeit entstand eine Reihe von Arbeiten zur Ortsgeschichte. Themen wie Industrieverlagerungen in die Niederlausitz während des Krieges und eine faktenbasierte Chronologie der letzten Kriegsmonate waren am Ende der fünfziger Jahre thematisches Neuland. Beide Arbeiten fußen auf offiziellen Verlautbarungen, Akten, Zeitungsnachrichten, persönlichen Erinnerungen und Informationen aus dem Kreise von Zeitgenossen. Die Ausführungen reichen über die Zentren der Niederlausitz hinaus und erfassen auch die Teile, die heute zu Polen gehören. Unter den Firmen, auf die Max Walther besonders eingeht, findet sich die Munitionsfabrik in Christianstadt. Sie war damals eine der größten Anlagen in Deutschland, in der vor allem KZ-Häftlinge, darunter viele Jüdinnen aus dem Vernichtungslager Auschwitz, mit gesundheitsgefährdenden Arbeiten beschäftigt waren. Die aus Wien stammende und später in den USA lehrende Germanistin Ruth Klüger schildert diese Zeit in ihrer Autobiographie „Weiter leben".

In der Chronik der letzten Kriegsmonate ist die Dramatik des Geschehens auch für den heutigen Leser spürbar. Sie ist um ein wichtiges Ereignis, nämlich die Abkommandierung der „jüdisch versippten" Cottbuser Männer zur Zwangsarbeit nach Suhl, zu ergänzen. Eine erste ausführliche Darstellung des Vorgangs findet sich in Karl Klaus Walther: Bücher, Bilder, Akten. Der Stadtarchivar Max Walther (Norderstedt 2022). Die Angst der Behörden vor möglichen inneren Unruhen und die Unzufriedenheit mit den schlechter werdenden Lebens- und Arbeitsbedingungen sowie Angaben zur Versorgungslage zeigen eine weniger bekannte Seite des Krieges.

Das Manuskript wurde auf einer älteren mechanischen Schreibmaschine mit dem technisch möglichen Maximum von Durchschlägen hergestellt. Es wird hier erstmals veröffentlicht, der Geist der Zeit brachte es mit sich, daß das Manuskript ungedruckt blieb. Inhalt und Formulierungen wurden nicht verändert, das Register des Originals wurde aktualisiert. Die Abbildungen stammen aus dem Fundus von Stadtmuseum und Stadtarchiv Cottbus und entstanden meistens nach Kriegsende. Sie dokumentieren die Zerstörungen, die seit dem 15. Februar 1945 erfolgten und ihren Höhepunkt in den letzten Kriegstagen erreichten. Ihre ikonische Wirkung ist ungebrochen. Herr Büschel als Leiter von Stadtmuseum und Stadtarchiv ermöglichte dankenswerterweise die Veröffentlichung.

# *Abbildungsverzeichnis*

# Register